Trauer

Trauer und seine Formen

Die Trauerprozesse von Wikipedia, Kast und Spiegel

Zu dem Prozess der sich verfestigenden Trauer, die als Depression aufzufassen ist

Der Zusammenhang zwischen Trauer und Freude

Bi- und Multipolarität von Gefühlen

Anlässe von Depressionen und Auflösung der Blockaden

Ansätze der psychotherapeutische Behandlung von Depression

Liste von gesellschaftlichen Anlässen, die den Rahmen für psychische Erkrankungen bilden

Gelassenheit und seine Ausprägungen

Bücher - und E-Bookliste, Hubertus Ihn

Trauer und seine Formen

Unter Google ist die Freude als Begriff nicht vermerkt. Wikipedia Einträge bezüglich der Freude sind knapp und es gibt nur ein Literaturhinweis. Zur Trauer dagegen gibt es viele Beiträge unter Wikipedia.

Der Gegensatz von Trauer ist Freude. Freude empfindet der Mensch will er etwas hinzu gewinnen. Mit Trauer reagiert der Mensch, wenn er etwas verliert. Trauer ist auch verbunden mit Leid und Schmerz. Das Gefühl oder die Stimmungslage die bei Verlust eines geliebten Wesen auftritt, ist Trauer. Leid und Schmerz. Diese Gefühle treten auch beim Verlust eines Teils des eigenen Leben auf. Weil der Mensch ein Teil seines Lebens verliert, trauert er. Das wird auch mit Betrübtheit, Depression, Niedergeschlagenheit, Schwermut, Trübsinn, Verdüsterung, Melancholie, Kummer, Gram usw. bezeichnet.

Freude wird mit den Wörtern, Fröhlichkeit, Glück, Zufriedenheit, Seligkeit, Euphorie, Begeisterung usw. beschrieben.

Neben dem Verlust von etwas geliebten, ist die Trauer, möglicherweise verbundenen mit einem Mangel an Lebensfreude und Rückzug von der Welt und anderen Menschen. Die Trauer kann auch in chronischer Form vorkommen.

Trauer und seelischer Schmerz, insbesondere durch Verlust, haben eine Verbindung zu anderen Gefühlen. Insbesondere der seelische Schmerz im Gegensatz zum körperlichen Schmerz führt zur Trauer. Schmerzliche Gedanken, also geistiger Schmerz kann ebenso zur Trauer führen.

Anzumerken ist in diesem Zusammenhang, dass alle Gefühle seelischen, körperlichen und geistigen Charakter haben können.

Zur Verdeutlichung dieses Zusammenhangs ein kurzer Exkurs zu den drei Formen seelischer, körperlicher und geistiger Verhaftung von Gefühlen. Die drei Formen sind schon in Ansätzen bei Sokrates ausgeführt. Vergleiche, Symposium (Gastmahl) von Platon.

Die Spielformen der Liebe:

Der emotionale Charakter der Liebe bedeutet für viele Menschen Zuwendung, Zuneigung, sich wohl fühlen. Bei dem Verlust des Geliebten, Trauer empfinden. Gleichklang empfinden, ist mit Liebe verbunden. Es kann, und da wird es kompliziert, auch das Lieben gemeinsamer Dissonanz gemeint sein oder die masochistische oder sadistische Liebe. Im Extremfall die Nekrophelie, die Liebe zum Tod bzw. die Totenliebe. Auf der anderen Seite, die Liebe zum Kind.

Diese reinen Ausprägungen der emotionalen Liebe können in die zweite Form der körperlichen bzw. sexuellen Liebe übergehen.

Die dritte Form der Liebe ist die platonische oder geistige Liebe. Hier verknüpft sich die emotionale Liebe mit den Gedanken. Interessen, Denkweisen, Anschauungen, gemeinsame Handlungen und Werten der Menschen. Sie lieben die gleichen Gedanken und Handlungen. Golf, Fußball, Autos, Kinder, Luxus, emphatisches Verhalten, die Liebe zur Philosophie, Physik, Medizin usw. verbinden die Menschen.

Um sich mit dem Begriff der Liebe

auseinander zusetzen, sei Platons Symposium empfohlen. Symposium ins Deutsche übersetzt heißt: Das Gastmahl. Im Gastmahl erzählt Sokrates sehr kurzweilig von der Liebe und deren Formen. Die Ausführung sei nicht von ihm sondern er hätte es von einer weisen Frau namens Diotima gehört. Die Liebe ist eine Art Göttin im Pantheon der alten Griechen.

Weitere Vertiefung zu dem Thema in Erich Fromm, Kunst des Liebens, und Menschliche Destruktivität.
Der erste Absatz unter Formen der Liebe bezeichnet die reine Form der Liebe. Die emotionale Liebe verbindet sich nicht mit dem Körper oder den Gedanken.

Die sexuelle Liebe wird auch als körperliche Liebe bezeichnet. Die Liebe als Emotion verbindet sich mit den Körper. Das wird als gemischtes Gefühl bezeichnet.

Die platonische oder geistige Liebe verbindet Gedanken mit der emotionalen Liebe. Es handelt sich also um ein gemischtes Gefühl.

Vertiefung hinsichtlich der Klassifikationen in einem der nächsten Beiträge.

In gleicher Weise ist in rein seelische, körperliche und gedankliche (geistige) Trauer zu unterscheiden. Die Trauer kann sich hinsichtlich dieser drei Formen vermischen und sich auch mit

anderen Gefühlen verbinden. Das ist eine Form von gemischten Gefühlen.

Die Trauer kann durch das Akzeptieren des Verlustes, die Klage, Gespräche oder das Aufsuchen des Ortes der Trauer überwunden werden.

Die Trauerprozesse von Wikipedia, Kast und Spiegel

Es gibt mehrere Phasenmodelle hinsichtlich

der Überwindung der Trauer.

Phasenmodelle (Wikipedia)

1. Schock
2. Depression
3. Heilen der Wunden

Trauerprozess in vier Phasen nach Kast (Wikipedia)

1. Verleugnen des Verlusts (Nicht wahrhaben wollen)

2. Aufbrechende Emotionen (Trauer, Wut, Freude, Zorn, Angstgefühle und Ruhelosigkeit können einhergehen mit Schlafstörung. Schuldige werden gesucht.

3. Bewusst werden der Trauer, durch suchen, finden und sich trennen. In dieser Phase kommt es häufig zu Wutausbrüchen.

4. Neuer Selbst-und Weltbezug (Der Verlust wird akzeptiert)

Trauerprozess nach Yorick Spiegel (Wikipedia)

1.Schock (Diese Phase dauert nur einige Stunden oder Tage)

2. Kontrollieren der Emotionen (Durch Selbstkontrolle der Gefühle und Hilfe von außen. Die Phase ist durch Passivität, Leere und Kommunikationsstörungen gekennzeichnet).

3. Rückzug vom normalen Leben bzw. Regression und Auseinandersetzung mit der Trauer.

4. Anpassung

Zu dem Prozess der sich verfestigenden Trauer, die als Depression aufzufassen ist

Gehen wir davon aus, dass der Verlust, der wesentliche Anlass ist, der zur Trauer führt. Der Verlust eines geliebten Wesens, Gegenstandes oder eines Teils des eigenen Ichs. Mit dem Teil des eigenen Ichs, ist gemeint, ein Teil von mir kann nicht am Leben teilnehmen. Ein Teil von mir kann sich nicht entfalten. Der Mensch empfindet einen ungelebten Anteil. Der Menschen kann das Gefühl entwickeln, durch Überstrahlung anderer Anteile (Irridation genannt), dass er im ganzen nicht mehr lebt und die Sinnlosigkeit ihn erfasst.

Anzumerken ist, der eigene Tod ist die totale Vernichtung des eigenen Ichs.

Es stellt sich die Frage, wo ist der Unterschied zwischen Trauer und Depression (Niedergeschlagenheit)?

Gibt es einen Übergang von der Trauer zur Depression?

Die Phase zwei der oben genannten Trauerprozesse kennzeichnet die Depression. In dieser Phase bleibt der depressive Mensch stecken. Die Trauer verfestigt sich und wird zum Charaktermerkmal.

Bei der Depression übernimmt die emotionale Komponente der Trauer die Kontrolle über den ganzen Menschen oder einem großen Teil des Menschen. Der Mensch wird von der Trauer überflutet. Die Trauer ist zeitlich stabil.

Wie geht der Prozess des Übergangs von der Trauer zur Depression vor sich? Die Trauer breitet sich in Gehirn aus. Traurige Gedanken bestimmen einen großen Teil der auftretenden Gedanken (Gehirntätigkeit) es erfolgt, das Auftreten der geistigen Trauer.

Bleibt der Zustand der geistigen Trauer, befeuert durch die nicht bewältigte emotionale Trauer, längere Zeit erhalten, erfolgen körperliche Reaktionen.

Je nach Stärke(Schock) und Dauer der emotionalen Trauer können die körperlichen Reaktionen in schneller Abfolge oder gleichzeitig auftreten.

Die emotionale und geistige Trauer wird durch die körperlichen Reaktionen verfestigt.

Es stellt sich die Frage, welche körperlichen Reaktionen führen zur Verfestigung der Trauer?

Durch die Veränderung der Botenstoffe, Dopamine usw. Erfolgt das herunterfahren der körperlichen Aktivität.

Niedergeschlagenheit und zeitlich stabile Depression, verbunden mit emotionalen und geistigen Schmerzen, die auch in körperliche Schmerzen übergeben können, entsteht.

Durch die oben genannten Ausführung wird deutlich, welche Verbindungen zwischen den Gefühlen auftreten. Trauer kann zu Schmerz führen. Wiederum kann es eine Rückwirkung geben, dass der Schmerz zur Trauer führt.

Ein Unheil voller Prozess ist im Gange. Trauer und Schmerz übernehmen das Kommando über den Geist, die Seele und den Körper. Anders ausgedrückt, Trauer und Schmerz bereiten sich über die Gedanken, die Gefühle und den Körper aus.

Die Depression ist häufig durch Arbeitsunfähigkeit und Rückzug (Passivität) gekennzeichnet. Anders ausgedrückt, die Niedergeschlagenheit führt zur sozialen und funktionalen Unfähigkeit(Phase zwei der oben genannten drei Trauerprozesse).

Wie wird die Niedergeschlagenheit bzw. Depression in den meisten Fällen behandelt?

Medikamente, Antidepressiva werden verabreicht und führen dazu, dass die Botenstoffe, wie Dopamine, so geregelt werden,

dass die körperlichen Reaktionen auf die Trauer nicht mehr erfolgen können.

Häufig wird der Depressive dadurch wieder arbeits- und sozial fähig.Es kann weiterhin sein, dass die geistige und gedankliche Trauer, möglicherweise auch die emotionale Trauer zum Teil

zurückgeht. Setzt man die der Antidepressiva ab, wird der Mensch in den meisten Fällen wieder depressiv.

Warum erfolgt also häufig keine Heilung des Depressiven?

Die Antwort ist gemäß der obigen Ausführungen, denke ich, weitestgehend klar!

Die emotionale und geistige Trauer ist im ganzen oder in Teilen noch vorhanden.

Der Anlass der Trauer ist nicht beseitigt oder kann nicht beseitigt werden.

Der Trauerprozess gemäß der Phasen der drei oben genannten Modelle ist nicht oder nur zum Teil erfolgt. Der Depressive steckt weiterhin in der Phase zwei oder eins der Traummodelle.

Die gedankliche, gefühlsmäßige und körperliche Trauer sowie der Schmerz befeuern sich gegenseitig.

Der Zusammenhang zwischen Trauer und Freude

Weil der Mensch ein Teil seines Lebens verliert, trauert er. Das wird auch mit Betrübtheit, Depression, Niedergeschlagenheit, Schwermut, Trübsinn, Verdüsterung, Melancholie, Kummer, Gram usw. bezeichnet.

Freude wird mit den Wörtern, Fröhlichkeit, Glück, Zufriedenheit, Seligkeit, Euphorie, Begeisterung usw. beschrieben.

Betrachten wir die gefühlsmäßigen Abläufe bei einer Beerdigung. Sicherlich ist der Tod eines Menschen insbesondere eines geliebten Menschen ein trauriges Ereignis. Einige mögen aus welchen Gründen auch immer, den Tod des Menschen als erfreulich ansehen. Bei der Beerdigung nehmen Angehörige, Freunde und andere Menschen, die einen Bezug zu ihm hatten, Abschied.

Wie läuft ein Trauerritualen bei einer Beerdigung ab? Die Menschen kleiden sich in Schwarz. Versammeln Sie an einem Ort, meistens eine Kirche, jedenfalls im christlich geprägten Gebieten.

Ein Redner, häufig Pfarrer oder Pastor halten eine den Verstorbenen würdigende Rede. Dann gleitet der Trauerzug den Toten zu seiner letzten Ruhe. Das Leben symbolisierenden Blumen werden häufig in das Grab geworfen. Dann erfolgt der so genannte Leichenschmaus, ein merkwürdiges Wort und es gibt meistens Kaffee und Kuchen.

Beim Leichenschmaus erfolgt dann eine, einigen Menschen seltsam anmutende

Veränderung der Stimmung der Trauernden.
Die Trauer schlägt in einer Art Freude um.
Plötzlich wird die Trauergemeinde lustig,
fröhlich, es werden Witze gemacht und eine
gewisse Ausgelassenheit erfüllt den Raum.

Bi- und Multipolarität von Gefühlen

An diesem Beispiel wird die Bipolarität von
Trauer und Freude deutlich. Als Gegenpol zur
Trauer schwingt dieses Gefühl in Richtung
Freude. An diesem Beispiel sieht man auch
den Zeltcharakter der Emotionen. Bei dem
Beerdigungsritual ist eine tendenziell
kollektive Trauer bei den Beteiligten erfolgt.
Einige Gäste des Begräbnisses wollen dieses
Gefühl loswerden und setzen Lustigkeit,
Fröhlichkeit, die Freude dagegen. Dieses
Gefühl des lustigen und witzigen überträgt
sich auf einen Teil der anderen Gäste.

An den Verbindungen der Gefühle Trauer,
Schmerz und Freude ist die Multipolarität der
Gefühle zu erkennen.

Die zweite Phase des Trauerprozesses von

Kast zeigt ebenso deutlich durch aufbrechende Emotionen (Trauer, Wut, Freude, Zorn, Angstgefühle und Ruhelosigkeit), die Multipolarität und Verbindungen der Gefühle untereinander. Kast weist auch darauf hin, dass in dieser Phase, Schuldige gesucht werden. Schuldige zu suchen, das ist ein gedanklicher Prozess, der durch die Emotionen ausgelöst wird. Hieran wird deutlich, wie die Gefühle, in diesem Fall die Trauer oder Wut löst den gedanklichen Prozess der Suche nach Schuldigen aus.

Anlässe von Depressionen und Auflösung der Blockaden

Wichtig um den Depressionen auf die Spur zu kommen, ist die Frage, welchen Anlass oder Anlässe erzeugen die Trauer.Der Anlass der Trauer, es sei denn der Tod eines Menschen oder der eigene bevorstehende Tod, bleibt dem Depressiven häufig verborgen. Der Anlass ist unbewusst und liegt im Dunkeln.

Es können auch mehrere Anlässe sein.

Die Anlass oder die Anlässe der Trauer und damit der Niedergeschlagenheit sind meistens schwer änderbar und erden berechtigt als Bedrohung empfunden.Der depressive Mensch reagiert aus diesem Grunde mit Abwehr und Blockade.

In dieser Blockade liegt die Schwierigkeit des therapeutischen Prozesses. Ach

Als erstes muss die Abwehr und Blockade aufgebrochen werden. Nach Kast wird nun der Mensch überschwemmt von Gefühlen, wie Trauer, Wut, Freude, Schmerz, Zorn und insbesondere der berechtigten Angst.Der Angst des Klienten vor der Bewusstwerdung des Anlasses seiner Trauer bzw. seiner Depression, die für ihn starke negative Konsequenzen hinsichtlich seines Lebens haben könnte. Da der Trauerprozess Monate oder länger dauern könnte und mit Passivität, Rückzug und Kommunikationsstörung usw. verbunden ist, droht ein Verlust von Arbeit, Einkommen und möglicherweise Bezugspersonen. Dieses Risiko will der Klient nicht eingehen.

Ein weiteres Problem dieses therapeutischen Prozesses, ist der

Therapeut selbst. Die starke Emotionsausbrüche in Form von Trauer, Wut, Freude, Schmerz, Zorn können oder wollen Therapeuten häufig nicht händeln und bedeuten eine große Anstrengung für den Behandelnden.

Außerdem ist der Ausgang ungewiss und es droht dem Psychotherapeuten die Gefahr als Schuldiger der Konsequenzen, die Arbeitsplatzverlust, Einkommen, Verlust einer Bezugsperson bezeichnet zu werden.

Ansätze der psychotherapeutische

Behandlung von Depression

Will man eine psychotherapeutische Behandlung durchführen, so ist es unabdingbar, ein Team von Therapeuten heranzuziehen, weil ein einzelner Therapeut sicher überfordert ist.

Ebenso die Qualifikation ein bedeutender Faktor. Es müssen unbedingt Psychotherapeuten mit dem Schwerpunkt Trauerarbeit und Umgang mit Blockaden und Abwehr sowie Borderlineerkrankungen herangezogen werden. Der Borderline erkrankte, ist gekennzeichnet, durch zeitlich schnell wechselnde häufig negative Emotionen.

Der Personalaufwand als auch die zu erwartende Länge des therapeutischen Prozesses erzeugen hohe Kosten. Die Behandlung mit Antidepressiva ist um ein Vielfaches günstiger und schneller. Die medikamentöse Behandlung ist symptomatisch und führt nicht zu einer Heilung bzw. Lösung des Problems. Aus ethischen Gründen ist eine solche psychotherapeutische Behandlung anzuraten und es sind vorbeugende (präventive) Maßnahmen zu erforschen.

Dazu müssen breit angelegte wissenschaftliche Studien zur Erforschung der Anlässe der Depression durchgeführt werden. Die depressiven Erkrankungen verbreiten sich, wie eine Epidemie in den westlichen Gesellschaften. Ausfall von Arbeitsstunden, Frühverrentung unddie ständig steigenden Zahlen von depressiven, lassen das auch ökonomisch als sinnvoll erscheinen.(Vergleiche letzte Studie der Technikerkrankenkasse und den Artikel des Sterns vom 19.2.2015)

Anzumerken ist auch das unglaubliche Interesse an dem Auten einer Bloggerin unter Twitter. Danach hat es 100.000 von tweets gegeben und selbst die Nachrichtensendung Heute fühlte sich bemüht, darüber einen längeren Beitrag zu senden.

Laut Stern Artikel sollen 30 % der deutschen

Bevölkerung von psychischen Krankheiten temporär befallen sein.

Der starke Anstieg psychischer Erkrankungen bei Schulkindern ist ein besonderes Warnzeichen.

Was geschieht in unserer Gesellschaft?

Es ist zu untersuchen, welche Anlässe in der Gesellschaft zu den steigenden Zahlen psychischer Erkrankungen führen!

Liste von gesellschaftlichen Anlässen, die den Rahmen für psychische Erkrankungen bilden

Anzuführen werden hier folgende Anlässe, die vielen von ihnen bereits bekannt sein dürften.

Überforderung

Leistungsdruck

Ängste (zum Beispiel, vor Arbeitsplatzverlust, vor Versagen, vor der Terrorgefahr)

Druck

Helfersyndrom

Panik

Burn-Out

Stress

Schulstress für Kinder

Mobbing

Zunehmende Aggression

Zunehmende Wut (Wutbürger, Pegida Antipegida)

Zunehmende Bevorzugung reicher Gesellschaftsschichten und Benachteiligung ärmerer Gesellschaftsschichten

Zunehmende Konflikte zwischen einzelnen Teilen der Religionsgemeinschaften und deren Verfasstheiten sowie verschiedenen Völkern (Ukraine Konflikt)

Diese Probleme sind sicherlich nicht psychotherapeutisch zu lösen. Sie bilden aber den Nährboden für die gefühlsmäßige Verunsicherung weiter Teile der Bevölkerung.

Es stellen sich Fragen, wie wollen wir leben, welche Ziele haben wir?

Durch Wachstum, Beschäftigung, Wettbewerbsfähigkeit, Investitionen, der Geldpolitik der EZB ist das sicher nicht zu lösen!

Gelassenheit

In der Übersicht der zwölf reinen Gefühle ist

als Gegensatz der Wut, die Gelassenheit definiert. Gelassenheit wird im griechischen als Ataraxie, was direkt übersetzt nicht Unruhe also Ruhe bedeutet.

Die Ruhe des Gefühls ist sein Grundzustand, demzufolge keine Gefühlsregung und damit keine Emotion aus der Ruhe heraustritt. Der Ruhezustand kann sicherlich gefühlt werden, ist dennoch keine Emotion im Sinne des Heraustretens. Nach langen Überlegungen und Diskussionen bin ich zur Überzeugung gelangt, dass die Gelassenheit nicht nur Ruhe bedeutet, sondern das sein lassen, beinhaltet.

Wenn sich etwas nicht bewegt (in Ruhe ist), sich dennoch bewegt, so scheint das im ersten Moment ein Gegensatz zu sein.

Wenn das Heraustreten aus der Ruhe nicht in eine emotionale Form, ein reines Gefühl, wie Wut, Angst, Freude, Liebe, Trauer usw. gegossen wird, sondern frei durch die Gefühle schwingt also das Gefühl gelassen wird, bezüglich seiner Schwingungen, dann handelt es sich um eine Form von

Gelassenheit.

Einerseits lässt sich die Gelassenheit mit dem Satz, dem kaum merklichen Lächeln des Buddha, bezeichnen andererseits ist das Schwingen des Gefühls durch Ausgelassenheit, fröhlich, lustig, beschwingt, die Stimmung schlägt hoch und mit schöpferisch bzw. kreativ zu bezeichnen.

Der Gegensatz von Wut ist sicherlich etwas fahren lassen. Sich nicht so betreffen lassen sondern munter darüber hinweggehen.

Einen Wütenden wird dies häufig noch wütender machen.

Möglicherweise ihn irritieren.

Bei Kindern, die den Gefühlen in der Regel näher sind als die Erwachsenen, ist das gut zu beobachten. Von einer Wut wechselt das Kind sehr schnell in eine fröhliche, heitere oder begeisterte Stimmung. Die Wut ist blitzschnell vergessen. Das Kind ist wieder ausgelassen. Ein umgekehrtes Verhalten von der Heiterkeit in die Wut ist ebenso möglich.

Zusammenfassend ist das Gegenteil der Wut, die beschwingte, heitere und harmonische Gelassenheit.

Wenn sich dieser Zustand der beschwingten, heiteren und harmonischen Gelassenheit als Charaktereigenschaft stabilisiert, ist das als Gemütszustand zu bezeichnen. In der Kategorisierung von Kretzschma heißt das sanguinisch. Das Gegenteil ist die cholerische, wütende Charakterstruktur oder Gemütsverfassung zu sehen.

In diesem Zusammenhang gibt es weiterhin, die traurige, melancholische und tendenziell depressive, phlegmatische Charakterstruktur.

Phlegmatisch kann als gebremstes, cholerisch als aufbrausendes und sanguinisch, als heiter beschwingtes Gemüt angesehen werden.

Die Gelassenheit kann sich bei Erwachsenen in verschiedenen Formen äußern.

Die heitere beschwingte Gelassenheit

Die bewölkte und verdunkelte Gelassenheit
(In der Musik Moll)

Die ernste, unbewusst versteckten Gefühle
(Äußerlich gelassene Persönlichkeit)

Die bewusst kontrollierten un versteckten
Gefühle (Diplomatisches Verhalten,
Coolness). Die gespielte äußerlich gelassene
Persönlichkeit.

Persona aus dem lateinischen übersetzt,
bedeutet Maske. Die beiden letzten oben
genannten Formen sind als maskierte
Gemütszustände der Gelassenheit
aufzufassen.

Es wird etwas kompliziert. Die vier Formen
der Gelassenheit können alle in maskierter
Form auftreten. Es gibt allerdings einen
Unterschied.

Die beschwingte und bewölkte Gelassene

lässt Gefühle zu. Der

Mensch arbeitet mit diesem Gefühlen und zeigt diese nach außen. Dieser Prozess benötigt Energie. Das ist das Repertoire der Schauspieler.

Die bewusst oder unbewusst versteckte Gelassenheit benötigt zwar auch Energie für seine Unterdrückung.Sie ist weniger energieintensiv.

Anm.: Meiner Meinung nach ist durch die Maskierung des Gemüts, der in der Öffentlichkeit stehenden Personen und der

Schauspieler, eine Ursache für den verstärkten Drogenkonsum dieser Gesellschaftsgruppen zu sehen.

Die ständig verfälschten Gefühlszustände und Maskierung des Gemüts treiben den Menschen aus seiner Mitte, überfordern ihn und sind mit einem hohen Energieverbrauch verbunden. Um die Mitte wiederzufinden, sich wieder schnell aufzuladen und die Maskierung aufrecht zu erhalten, werden Drogen eingenommen.

Gefühle, Emotionen und Gemüt

In diesem Zusammenhang sind zu unterscheiden, Gefühl, Emotion und Gemüt. In der deutsche Sprache werden Gefühle und Emotionen im alltäglichen als auch im psychologischen gleichgesetzt.Begrifflich muss die Emotion und das Gefühl getrennt werden. Durch den Satz, ich habe das Gefühl, wird deutlich, dass ich etwas fühle. Dieses fühlen kann sich in der Wahrnehmung auf von außen kommende Emotionen und innerliche Gefühlszustände (Emotionen) beziehen.Welche Emotionen sind in der Umwelt bzw. bei anderen Menschen vorhanden? Oder welche emotionalen Zustände habe ich innerlich?

Mit dem Gefühl kann ich den innerlichen

oder äußerlichen Emotionen nachspüren.Emotion (lateinisch) bedeutet aus der Ruhe heraustreten. Der Grundzustand des Gefühls bzw. der Gefühle ist die Ruhe. Tritt das Gefühl aus der Ruhe heraus, erscheinen die Emotionen. Wut, Freude, Trauer, Angst usw.

Gefühl und Gemüt wenn in der griechischen Sprache als Thymus bezeichnet.. Wie wir Gefühle und Emotionen begrifflich trennen müssen, so ist es auch notwendig Gefühl und Gemüt begrifflich zu trennen.

Gemüt bezeichnet Grundzustände der Beweglichkeit des Gefühls. Während Emotion die Ausprägungen des Gefühls bezeichnen, wie Wut, Angst, Trauer, Schmerz usw.

Gemütszustände und – typen

Gemüt ist abgeleitet von Mut. Gemütlichkeit bedeutet Behaglichkeit. Platon unterteilt im Phaidros die Seele in Gemüt (thymos) und Trieb.

Adjektive für das Gemüt: Sonnig, schlicht, sensibel, heiter, kindlich, sanft, empfindsam. (Duden, computergeneriert), erregte Gemüter, aufs Gemüt schlagen – jemanden deprimieren, Duden im Internet) Hinzuzufügen sind: Reizbares, phlegmatisches, ruhiges und energisch, stabiles Gemüt, (vgl. Clausewitz unten), sehr regsam (beweglich), wenig regsam (unbeweglich)

Clausewitz: Das starke Gemüt kommt nicht aus dem Gleichgewicht.

4 Gemütstypen nach Clausewitz (vgl. Wikipedia):

Wenig regsam: Phlegmatisch

Sehr regsam: Menschen deren Gefühle nie eine gewisse Stärke übersteigen – Gefühlvolle, ruhige Menschen)

Sehr reizbar: Gefühle entzünden sich schnell und heftig wie Pulver, sind nicht dauerhaft

Die Gefühle kommen nur langsam in Bewegung, können große Gewalt annehmen und sind andauernd: Diese Menschen sind energisch mit tief versteckt liegenden Leidenschaften (Gefühlsmäßig geprägter Charakterstruktur).

Menschen mit schnell wechselnden Gefühlszuständen werden in der Psychopathologie mit dem Wort Borderline Syndrom bezeichnet.

Keine Angst vor negativen Gefühlen

(Negative Gefühle als Schatten der positiven Gefühle, die uns durchs Leben treiben und unsere Entscheidungen und unser

Wohlbefinden bestimmen). Eine Lichtung in den Wald des Bewusstseins schlagen, Heidegger.

Positive Gefühle haben tendenziell wohlfühlenden Charakter. Negative Gefühle haben eher warnenden Charakter.

Wir sind der Meinung, unser logisches Bewusstsein weist uns den richtigen Weg durch das Leben. Ab und zu insbesondere bei zentralen und schwierigen Entscheidung kommen uns Zweifel ob der Weg, den wir einschlagen wollen, der richtige ist.

Wir kommen ins grübeln. Gehen die Alternativen durch, wägen Vor- und Nachteile ab und sind uns unsicher, ob die mit der Logik gewählte Alternative, die optimale ist. Wir operieren mit den Begriffen, das Glas ist halb voll oder halb leer. Mit optimistischen oder pessimistischen Sichtweisen oder meinen eine vermeintlich realistische Entscheidung zu treffen.

Der eine oder andere versucht mit dem Bauch bzw. den Gefühlen der Richtigkeit der Entscheidung nachzuspüren. Folge nur deinem Herz und den Gefühlen! Was liebe ich, wozu habe ich einen Zuneigung, was würde mir Freude bereiten? Womit hatte ich Erfolg? Womit bin ich gescheitert?

Im Alltäglichen arbeiten wir mit den Begriffen, Zu-und Abneigung oder was ist mir sympathisch oder unsympathisch. Diese Prozesse laufen häufig unbewusst und sekundenschnell ab. Selten treten diese Prozesse in das reflexive Bewusstsein ein.

Äußere Zeichen, wie Kleidung, Auftreten, Körpersprache, Mimik, Tonlage usw. beeinflussen dabei unsere Bewertungen sympathisch oder unsympathisch bzw. Zuneigung oder Abneigung.

Schon bei diesen an der Oberfläche liegenden, gemischten Gefühlen laufen unbewusste Prozesse ab. Geht man etwas tiefer, kann man mit Levi Strauß sagen:" Ich fühle mich wie eine Straßenkreuzung auf der etwas passiert, ich weiß bloß nicht warum?"

Tieferliegende reine Gefühle, wie Liebe und Hass, Trauer und Freude, Angst oder Wut entziehen sich durch Tabuisierung oder mangelnder Erfahrung unserem Bewusstsein.

Sie repräsentieren sich mittels Träumen oder beim Hellsehern durch Bilder und sind meistens dem Bewusstsein nicht zugänglich.

Wir wollen uns gut, positiv und glücklich fühlen! Trauer, Angst und Wut sind sozial nicht akzeptiert, stören unser Wohlbefinden und werden verdrängt. Sie sagen uns aber, dass etwas falsch läuft. Sie erreichen unser Bewusstsein nicht und wir können diese Gefühle nicht nutzen.

Wir geraten in depressive, manische und zwanghafte Zustände, schlimmstenfalls Psychosen und Neurosen. Unzufriedenheit, Hektik und Zeitnot breiten sich aus. Wir halten das für normal, weil unsere Umgebung es erwartet und sich in der gleichen Weise verhält.(Genormte Gefühle)

Mit Entspannungstechniken, Meditation, Unterhaltung, Konsum usw. versuchen wir wieder unsere Mitte zu erreichen. Trotzdem verbleibt ein schales, ungelebtes und unzufriedenes Gefühl, dass wir versuchen zu überspielen. Wir hoffen, dass es besser wird oder dass es unseren Kindern besser gehen wird. Wir finden uns damit ab, auch deshalb, weil es anderen ebenso geht. Das Leben ist kein Rosengarten und wenn doch, mit Dornen. Ist es aber wirklich so?

Wie bestimmen unsere Wahrnehmungskanäle unsere Gefühle und umgekehrt, wie bestimmen unsere Gefühle unsere Wahrnehmungskanäle?

Welche Ausrichtung haben wir hinsichtlich des visuellen, auditiven und haptischen? Welcher Typ sind wir? Welche Kanäle nutzen wir hauptsächlich? Können wir das nicht riechen? Schmeckte uns etwas nicht?

Durch diese Fragen und denen von uns verwendeten Worten können wir näher an unsere tieferen Gefühle herankommen. Dann bewegt sich emotional was.

Die drei Affen: Nichts hören, nichts sehen und nichts fühlen sind das Gegenteil. Der erste Schritt zur Schizophrenie bzw. zur Entfremdung.

Können wir durch das bewusste Ein- und Ausschalten unserer Wahrnehmungskanäle näher an unsere tieferen, reinen Gefühle aber auch negativen Gefühle herankommen?

Welche Gefühle spielen im Alltäglichen eine große Rolle? Eher positive oder eher negative Emotionen?

Welche Gefühlstyp sind wir? Der sich freuende, liebevolle, der mutige oder eher der ängstliche, melancholische und misstrauische Mensch?

Bücher - und E-Bookliste, Hubertus Ihn, unter Amazon, Kindle zu finden

Sammelband Gefühle

Weitere E-Books:

Angst

Wut

Freude

Theorie der Emotionen,

Theorie der Kognitionen,

Theorie des Bewusstseins

Emotionen kontrollieren

Glück

In gedruckter Form ist das Werk, Theorie des Bewusstseins mit den beiden Bänden Theorie der Emotionen und Theorie der Kognitionen zu erhalten.

Theorie der Emotionen und Kognitionen ist als E-Book

unter Amazon, Kindle als auch in allen klassischen Vertriebskanälen, wie Hugendubel, Thalia, Apple Store usw. zu erhalten.

Rufen Sie mich unter der Nummer 015155877480 an.